Rosa Anastasio

Antropologia della Misericordia

Rosa Anastasio

Antropologia della Misericordia

Analisi teologica e pastorale nel magistero di Papa Francesco

Edizioni Sant'Antonio

Imprint
Any brand names and product names mentioned in this book are subject to trademark, brand or patent protection and are trademarks or registered trademarks of their respective holders. The use of brand names, product names, common names, trade names, product descriptions etc. even without a particular marking in this work is in no way to be construed to mean that such names may be regarded as unrestricted in respect of trademark and brand protection legislation and could thus be used by anyone.

Cover image: www.ingimage.com

Publisher:
Edizioni Accademiche Italiane
is a trademark of
International Book Market Service Ltd., member of OmniScriptum Publishing Group
17 Meldrum Street, Beau Bassin 71504, Mauritius

Printed at: see last page
ISBN: 978-613-8-39236-1

Indice

Sigle e abbreviazioni	3
Introduzione: l'uomo che ha bisogno di misericordia	5
Primo capitolo: Dives in misericordia	9
1.1 La misericordia come contenuto del dialogo con il Signore	9
1.2 La misericordia nell"Antico Testamento	11
1.3 La misericordia nel Nuovo Testamento	13
1.4 La chiesa condivide l"inquietudine di tanti uomini contemporanei	17
1.5 La misericordia di Dio nella missione della chiesa	18
1.5.1 La chiesa professa e proclama la misericordia di Dio	18
1.5.2 La chiesa cerca di attuare la misericordia	19
1.5.3 La chiesa invoca la misericordia divina	20
Secondo capitolo: Il magistero di papa Francesco	23
2.1 La gioia di Dio è perdonare	23
2.1.1 Siamo fedeli e come pastori dobbiamo dare tanta misericordia	27
2.2 Nella chiesa tutta è il tempo della misericordia	27
2.3 Misericordia significa né manica larga, né rigidità	28
2.4 Ogni incontro con Gesù ci cambia la vita e ci riempie di gioia	29
2.5 I segni del Giubileo	31
2.6 Analisi acrostica della parola misericordia	33
Terzo capitolo: Quasi un'enciclica sulla misericordia: la bolla di indizione del Giubileo	39
3.1 Misericordia, architrave che sorregge la vita della chiesa	39
Conclusione	41
Bibliografia	45
1. Opere consultate	45
2. Opere sul tema dell"antropologia della misericordia	46

Sigle e abbreviazioni

AAS	Acta Apostolicae Sedis
AL	Lettera enciclica *Amoris Laetitia*
DM	Lettera enciclica *Dives in misericordia*
Ef	Lettera agli Efesini
Gn	Genesi
GS	Costituzione pastorale *Gaudium et spes*
Gv	Vangelo secondo Giovanni
Is	Isaia
Lc	Vangelo secondo Luca
MM	Lettera apostolica *Misericordia et misera*
Mt	Vangelo secondo Matteo
RH	Lettera enciclica *Redemptor Hominis*

Introduzione
L'UOMO CHE HA BISOGNO DI MISERICORDIA

Il mistero della fede cristiana sembra trovare nella parola *misericordia* la sua sintesi. Divenuta viva, visibile, ha raggiunto il suo culmine in Gesù di Nazareth. In tal senso, la misericordia, prima di essere un atteggiamento o una virtù umana, è la scelta definitiva di Dio a favore di ogni essere umano per la sua eterna salvezza, scelta sigillata con il sangue del Figlio di Dio. Questa divina misericordia può gratuitamente raggiungere tutti quelli che la invocano: la possibilità del perdono è davvero aperta a tutti, anzi è spalancata, come la più grande delle porte sante, perché coincide con il cuore stesso del Padre, che ama e attende tutti i suoi figli, in modo particolare quelli che hanno sbagliato di più e che sono lontani.

La misericordia del Padre può raggiungere ogni persona in molti modi: attraverso l“apertura di una coscienza sincera, per mezzo della lettura della Parola di Dio che converte il cuore, mediante un incontro con una sorella o un fratello misericordiosi, attraverso le esperienze della vita che ci parlano di ferite, di peccato, di perdono e di misericordia.

«Gesù, la *via certa* della misericordia, ha il potere sulla terra di perdonare i peccati» (*Lc* 5,24) e «ha trasmesso questa missione alla Chiesa» (*Gv* 20, 21-23).

Il sacramento della riconciliazione è dunque il luogo privilegiato per fare esperienza della misericordia di Dio e celebrare la festa dell“incontro con il Padre. «La celebrazione del sacramento della riconciliazione richiede un“adeguata e aggiornata preparazione, affinché quanti vi si accostano possano toccare con mano la grandezza della misericordia, fonte di vera pace interiore»[1]. Con molta facilità si dimentica l“aspetto dell“andare, del chiedere perdono, del sentire l“abbraccio del perdono e si dimentica di fare festa. La festa è parte del

1 FRANCESCO, Bolla di indizione *Misericordiae vultus*, 11 aprile 2015, in *AAS* 107 (2015), 444-448.

sacramento che si fa con il Padre che perdona. Ogni assoluzione è un giubileo del cuore che rallegra non solo il fedele e la chiesa, ma soprattutto Dio stesso. Gesù lo ha detto: «Vi sarà gioia nel cielo per un solo peccatore che si converte, più che per novantanove giusti, i quali non hanno bisogno di conversione» (*Lc* 15, 7).

E‟ importante che il confessore sia un *canale di gioia* e che il fedele, dopo aver ricevuto il perdono, non si senta più oppresso dalle colpe ma possa gustare l‟opera di Dio che lo ha liberato e possa andare incontro ai fratelli con cuore buono e disponibile.

In questo nostro tempo, segnato dall‟individualismo, da tante ferite e dalla tentazione di chiudersi, è un vero e proprio dono vedere e accompagnare persone che si accostano alla misericordia. I pastori che propongono ai fedeli l‟ideale evangelico secondo l‟insegnamento ecclesiale, hanno il dovere di aiutarli ad assumere la logica della compassione verso le persone fragili e ad evitare giudizi troppo duri e impazienti. Questa raccomandazione rivolta ai pastori, è particolarmente importante, perché all‟interno della comunità cristiana si stabilisca un autentico clima di rispetto, di accoglienza e di integrazione. Non di rado si presenta la tentazione di assumere atteggiamenti scostanti, di imbarazzo e persino di rifiuto verso coloro che vivono in situazioni non regolari. Si tratta dell‟integrazione delle famiglie ferite e smarrite nella comunità ecclesiale, perché non avvenga alle famiglie fedeli di reagire come il figlio maggiore della parabola evangelica del Padre misericordioso che, sentendosi offeso, fatica ad accogliere il fratello minore che era perduto[2].

L‟Esortazione *Amoris Laetitia* non si limita a considerare la situazione di coloro che sperimentano il doloroso fallimento del matrimonio, pur volgendo verso di loro lo sguardo misericordioso di Dio. Seppure è vero che bisogna curare l‟integralità dell‟insegnamento morale della Chiesa, si deve sempre porre speciale attenzione nel mettere in evidenza i valori più alti e centrali del Vangelo, particolarmente il primato della carità come risposta all‟iniziativa

2 Cfr. *Lc* 15, 28

gratuita dell"amore di Dio. Il fondamento della misericordia di Dio è il suo essere amore, non il merito umano. Il discernimento pastorale delle situazioni più difficili non può che lasciarsi guidare dall"amore misericordioso di Dio, sempre disposto a comprendere, a perdonare, ad accompagnare, a sperare e soprattutto a integrare.

Occorre coraggio per formare una famiglia, per far parte del sogno di Dio, per sognare con lui, per costruire un mondo dove la solitudine sia sconfitta dall"amore. Senza misericordia i legami non reggono.

La tenerezza, in grado di suscitare nell"altro la gioia di sentirsi amato, si esprime in particolare nel volgersi con attenzione ai limiti dell"altro e richiede un graduale sviluppo della propria capacità di amare. La chiamata che viene dall"unione tra Cristo e la Chiesa e dal modello della famiglia di Nazareth sostiene il quotidiano cammino delle famiglie attraverso i limiti umani. L"invito a camminare è rivolto a tutti, senza che nessuno si lasci scoraggiare. Il volto misericordioso di Dio è sempre capace di donare di nuovo la gioia dell"amore.

Primo Capitolo
DIVES IN MISERICORDIA

1.1 *La misericordia come contenuto del dialogo con il Signore*

Noi tutti, dice Paolo, eravamo morti per i nostri peccati, poiché vivevamo alla maniera di questo mondo, seguendo i desideri della carne e quindi non meritavamo che la dannazione. Dio, ricco di misericordia, da morti che eravamo per i peccati, ci ha fatti rivivere con Cristo. Il Cristo ci rivela il Padre suo, il quale è definito per il suo amore – misericordia, avendoci lui salvati per puro dono in Cristo, quando noi eravamo ribelli e lontani da lui. Mandandoci il suo Figlio ci acquisisce nel suo amore come suoi figli, diventa nostro Padre.

Cristo svela all‟uomo la sua vera dignità, il suo vero volto. La missione della chiesa è camminare su questa via che conduce da Cristo all‟uomo; la chiesa desidera che ogni uomo possa ritrovare Cristo, perché Cristo possa, con ciascuno, percorrere la strada della vita. Cristo è il centro e il senso della storia dell‟uomo in quanto ci riporta alla sorgente dalla quale lui stesso proviene: il Padre delle misericordie. Cristo, che è il nuovo Adamo, proprio rivelando il mistero del Padre e del suo amore, svela anche pienamente l‟uomo all‟uomo e gli fa nota la sua altissima vocazione. «Cristo è risorto, distruggendo la morte con la sua morte, e ci ha donato la vita, affinché divenuti figli nel Figlio, esclamassimo nello Spirito: Abba, Padre!» (*GS*, 22). Il Cristo, rivelandoci il mistero del Padre e del suo amore, ci indica la massima grandezza dell‟uomo.

La chiesa, portando Cristo all‟uomo, gli offre la verità e l‟amore, la salvezza. Ma il Cristo attua la salvezza dell‟uomo portandolo con sé nel seno del Padre, sorgente ultima della verità e dell‟amore.

L‟uomo, proprio e solo seguendo il Cristo, arriva al Padre e lì realizza divinamente se stesso. E questo grazie e ad opera del suo infinito amore misericordioso che compie le infinite aspirazioni del cuore umano. Da solo non ce la fa, o comunque la sua vita diventa, come dicono tanti contemporanei, *assurda, angosciata, infernale*.

Cristo svela all"uomo la sua vera identità perché gli rivela la profonda realtà di Dio che s"incentra nel suo amore misericordioso; dal Creato si può risalire, con la ragione, al Creatore del mondo e ci porta ad ammettere l"esistenza di un Principio, causa delle realtà che vediamo.

Chi è questo Creatore? Il suo Figlio che vive nel mistero di Dio ed è Dio lui stesso, ci ha detto tutto. Con le sue parole e con la sua vita, culminata nel silenzio della morte – resurrezione, ci ha detto che Dio è essenzialmente Padre, Padre suo e Padre di ogni uomo che lo voglia accogliere come tale. Il Cristo ha incarnato e personificato la misericordia del Padre. L"uomo vive oggi un momento di grande trasformazione che contiene la speranza di un futuro migliore; anche se la presunta autosufficienza dell"uomo ha operato enormi progressi, nasconde profonde angosce, debolezze, squilibri, ingiustizie.

La chiesa deve invocare e ricorrere al Padre delle misericordie, professare e vivere la misericordia di Cristo, della quale l"uomo e il mondo contemporaneo hanno tanto bisogno.

Gesù, il Messia, è colui che provenendo dal Padre, ricco di misericordia e dal Dio che è amore, porta nel mondo degli uomini quello stesso amore. Gesù è l"incarnazione concreta dell"amore del Padre che si chiama misericordia divina per l"uomo.

> Gesù, soprattutto con il suo stile di vita e con le sue azioni, ha rivelato come *nel mondo* in cui viviamo *è presente l'amore*, l'amore operante, l'amore che si rivolge all'uomo e abbraccia tutto ciò che forma la sua umanità. Tale amore si fa particolarmente notare nel contatto con la sofferenza, l'ingiustizia, la povertà, a contatto con tutta la «condizione umana» storica, che in vari modi manifesta la limitatezza e la fragilità dell'uomo, sia fisica che morale. Appunto il modo e l'ambito in cui si manifesta l'amore viene denominato nel linguaggio biblico «misericordia»[3].

3 GIOVANNI PAOLO II, Lettera enciclica *Dives in Misericordia*, 30 novembre 1980, in *AAS* 72 (1980), 1126.

Cristo ha inteso realizzare perfettamente la sua missione rivelando il Padre come amore misericordioso. Se il Cristo con la sua vita ha dimostrato un cuore misericordioso, se la sua predicazione è centrata sulla misericordia, il cristiano è coinvolto nella stessa realtà: è chiamato a fare l"esperienza della misericordia divina come destinatario perché anch"egli è povero, sofferente, peccatore, bisognoso, ma anche come donatore – testimone perché incontra altri poveri, sofferenti, peccatori, bisognosi.

Possiamo parlare di un vero seguire Cristo da parte del cristiano.

> E" necessario constatare che Cristo nel rivelare l"amore-misericordia di Dio esigeva, al tempo stesso dagli uomini, che si facessero anche guidare nella loro vita dall"amore e dalla misericordia. Questa esigenza fa parte dell"essenza stessa del messaggio messianico e costituisce il midollo dell"*ethos* evangelico[4].

Nel Cristo è il Padre della misericordia che viene incontro all"uomo bisognoso, facendosi lui stesso uomo, sensibile ad ogni miseria umana.

Nel cristiano che sulla scia di Cristo continua a porre in opera la misericordia, non solo si adempie un comandamento, ma soprattutto si porta avanti la rivelazione di Dio nella sua misericordia verso l"uomo, pregustando la beatitudine dei misericordiosi.

1.2 *La misericordia nell"Antico Testamento*

La misericordia è necessaria, già secondo l"AT, nelle relazioni interpersonali proprio sull"esempio della relazione di Dio con il suo popolo.

Nel definire la misericordia, i libri dell"Antico Testamento adoperano vari termini, ciascuno dei quali ha una sfumatura semantica diversa.

4 ———, Lettera enciclica *Dives in Misericordia*, 30 novembre 1980, in *AAS* 72 (1980), 1128.

Il termine *chesed*[5] significa la fedeltà da parte di Dio alle sue promesse, la fedeltà a se stesso, la responsabilità che si assume del suo stesso amore fino al perdono e alla riconciliazione. E" il termine più importante per esprimere la misericordia, perché è un vocabolo relazionale, che indica un comportamento: il mostrare amore, il fare misericordia.

A questo termine di risonanza antropologica più maschile, rispondono nel registro femminile i termini *rechem-rachamim*, derivati dal verbo *racham*, che designano un fremito di amore, il quale diventa capacità di soffrire con qualcuno, tenerezza. Si tratta di un sentimento femminile e materno che nasce dalle viscere della madre la quale sa soffrire con il figlio presente nel suo utero. Già nella sua radice, il termine *denota l'amore della madre*[6]. Di questo amore si può dire che non costituisce il frutto di un merito, ma una necessità interiore, un"esigenza del cuore dalla quale spuntano la tenerezza, la pazienza, la comprensione, la benevolenza e la prontezza al perdono. Un amore totalmente gratuito; è una variante quasi femminile della fedeltà maschile a se stesso, espressa dalla *chesed*.

Tutta la persona e l"opera del Cristo è consistita nel rendere presente il Padre come amore e misericordia. Il Dio dell"Antico Testamento, essendo padre, madre, sposo, è un Dio che si *commuove* e freme di compassione. Tutte le sfumature dell"amore si manifestano nella misericordia del Signore verso i suoi e viene così incoraggiato l"uomo ad riconoscere ed invocare la misericordia.

Tra la giustizia divina e la misericordia divina non c"è contrasto: l"amore è più grande nel senso che è primario e fondamentale. Tutto il rapporto di Dio con l"uomo parte dall"amore perché Lui è pienezza di amore. Fin dal suo nascere

5 Questo termine indica un profondo atteggiamento di bontà. Quando esso si instaura tra due uomini, questi sono non soltanto benevoli l"uno verso l"altro, ma al tempo stesso reciprocamente fedeli in forza di un impegno interiore, quindi anche in *forza di una fedeltà verso se stessi*. Si veda al riguardo REYMOND P., *Dizionario di ebraico e aramaico biblici*, Società Biblica Britannica e forestiera, Roma 2001, 149.
6 *Rehem*= grembo materno. Si veda al riguardo REYMOND P., *Dizionario di ebraico e aramaico biblici*, Società Biblica Britannica e forestiera, Roma 2001, 390.

l‟uomo è invitato al dialogo con Dio; egli ci predestina alla comunione con lui perché ci ama.

L‟amore divino è superiore alla sua giustizia perché Dio perdona e il suo perdono è una nuova creazione: il peccato provoca un intervento divino dettato da un amore più grande. L‟amore misericordioso è l‟unica realtà capace di rendere giusto l‟uomo; senza questo amore l‟uomo rimane col suo egoismo. E‟ l‟esilio, la schiavitù nella quale il popolo d‟Israele ricadeva ogni volta che, disobbedendo, si allontanava dall‟amore di Dio. C‟è un prevalere della misericordia sulla giustizia: la misericordia è lo svelamento di cosa sia la santità di Dio, la sua compassione che esplode a tal punto da vincere sull‟esigenza di giustizia.

Il termine *chen*[7], dal verbo *chanan*, indica un inchinarsi, una manifestazione di attenzione, bontà, cura, cordialità e grazia. La misericordia di Dio non è meritocratica, cioè non è un sentimento, un‟azione di Dio che raggiunga gli esseri umani a partire dai loro meriti; non la si acquisisce, non può essere conquistata, ma può solo essere accolta: essa è gratuita.

1.3 *La misericordia nel Nuovo Testamento*

La misericordia, come l‟ha presentata Cristo nella parabola del figliol prodigo, ha la forma interiore dell‟amore che è capace di chinarsi su ogni figlio prodigo, su ogni miseria umana e, soprattutto, su ogni miseria morale, sul peccato. Colui che è oggetto della misericordia non si sente umiliato, ma come ritrovato e rivalutato[8]. In questa parabola i termini giustizia e misericordia non compaiono, ma vi è descritto tutto il dramma che si svolge tra l‟amore del padre e la perdizione del figlio, che ha sperperato con una vita allegra e dissoluta la parte di eredità paterna a lui spettante, ha macchiato la propria dignità di figlio ed ha abusato dei propri diritti di figlio ma non li ha persi.

7 Si veda al riguardo REYMOND P., *Dizionario di ebraico e aramaico biblici*, Società Biblica Britannica e forestiera, Roma 2001, 148.
8 BIANCHI E., *L'amore scandaloso di Dio*, San Paolo, Cinisello Balsamo 2016, 40.

Nel figlio più giovane, che decide di andarsene da casa, scorgiamo l‟uomo di sempre, e particolarmente l‟uomo d‟oggi, riducendo i rapporti più belli al solo aspetto economico.

«Padre, dammi la parte del patrimonio che mi spetta» (*Lc* 15). Consumati i beni materiali, gli viene spontaneo riandare all‟esperienza passata dove in casa del padre c‟era pane in abbondanza. In fondo perché se n‟era andato? Cosa gli mancava? La sua condotta aveva certo infranto il rapporto filiale, aveva offeso il padre, aveva compromesso la sua dignità di figlio ma il suo rapporto di figlio non poteva in alcun modo essere alienato, né distrutto: il padre non aveva cessato di amare suo figlio, lo stava aspettando con ansia desiderandone il ritorno.

L‟accoglienza così pronta e commovente fa rimbalzare i tratti di Dio Padre. L‟abbraccio, il vestito bello e la festa significano la totale riabilitazione come figlio: solo ora il figlio sente e sperimenta la grandezza della sua dignità filiale, ora che può misurare tutta la grandezza del cuore del padre. La misericordia del padre è benigna, paziente, non tiene conto del male ricevuto, tutto spera e tutto sopporta. La misericordia è l‟occasione privilegiata nella quale viene fuori l‟ultima verità di Dio e dell‟uomo: l‟uomo riscopre se stesso nella sua più alta dignità e nella sua veste più bella, una veste che prima del peccato quasi non sapeva di avere, che aveva sporcata e adesso gli viene regalata in un clima di gioia davvero inattesa.

Il padre prima aveva semplicemente un figlio, poi d‟improvviso riceve la pugnalata con la quale il figlio si allontana ingiustamente da lui; il padre partecipa profondamente al dramma, lo riceve come se nulla fosse successo, ma facendogli festa. Anche il padre cresce e matura in questa situazione.

La misericordia si manifesta nel suo aspetto vero e proprio, quando promuove e trae il bene da tutte le forme di male, esistenti nel mondo e nell‟uomo[9]. La misericordia ha proprio questo di caratteristico: saper superare il male con

9 BIANCHI E., *L'amore scandaloso di Dio*, San Paolo, Cinisello Balsamo 2016, 46.

l"amore, saper credere e sperare anche in situazioni umanamente irreparabili, saper offrire perdono e accoglienza.

Il fratello più grande , quando venne a sapere il perché della festa, si arrabbiò e non voleva entrare: il padre per lui non aveva mai fatto festa. La figura del fratello maggiore nel contesto di Gesù faceva senz"altro riferimento al popolo giudaico, agli scribi e ai farisei che rimproveravano a Gesù il suo andare con i peccatori, invece di allontanarsene.

Non solo il padre ha ritrovato il figlio e viceversa, ma anche il fratello deve sentire di aver ritrovato il fratello. L"amore misericordioso del padre spinge e provoca il figlio maggiore ad andare incontro e ad abbracciare il fratello ritornato[10].

Il padre vuole il recupero di quest"altra importante relazione perché la festa sia piena.

Entrerà il figlio più grande alla festa? La parabola si chiude con questo interrogativo.

Il padre rientra in casa e continua la festa col figlio appena ritornato dalla sua triste avventura che ora, siamo certi, non ripeterà più proprio per l"infinita distanza, ormai misurata, tra l"andare a far festa con gli amici e il vivere come figlio nella casa paterna. In nessun„altra parabola Gesù ha descritto tanto magistralmente la misericordia di Dio come in questa. La misericordia del Padre è in questa parabola la giustizia più grande[11]. La misericordia è la realizzazione più perfetta della giustizia. La misericordia non umilia l"uomo ma lo guida al ritorno alla verità su se stesso.

Fare misericordia[12] è sempre raggiungere l"altro nella sua sofferenza, non guardarlo dall"alto con sentimenti di pietà. La misericordia accade come evento evangelico solo quando un cuore ha compassione di un cuore. Gesù punta a

10 BATTAGLIA O., *Le parabole escatologiche. La speranza che non delude*, Cittadella, Assisi 2007, 177-188.
11 GIOVANNI PAOLO II, Lettera enciclica *Dives in misericordia* (30.11.1980) in *Enchiridion Vaticanum 7*, Dehoniane, Bologna 1982, 896.
12 BIANCHI E., *L'amore scandaloso di Dio*, San Paolo, Cinisello Balsamo 2016, 48.

mostrare il grande dono della misericordia che ricerca i peccatori per offrire loro il perdono e la salvezza. Solo dal vedere scaturisce il farsi prossimo, il farsi vicino all‟altro, allo sconosciuto; ed è qui che comincia il decisivo faccia a faccia, nel quale si esercitano gli occhi per vedere le necessità, le sofferenze dei fratelli e delle sorelle e si prende coscienza della loro situazione. Dopo aver visto, aver sentito misericordia, presi da viscerale compassione, si fa misericordia, per venire in aiuto di chi è nel bisogno. Si tratta di donare all‟altro la propria presenza.

La misericordia divina trova la sua massima espressione nel mistero pasquale di Cristo; nella morte di Cristo in croce risplende la pienezza dell‟amore misericordioso che vince il peccato del mondo. Non solo viene ristabilita la giustizia tra l‟uomo e Dio, ma viene aperta una nuova prospettiva su misura dell‟amore divino, sempre nuovo e originale. Il Padre comunica se stesso, la sua stessa vita divina all‟uomo, affinché l‟uomo, se lo vuole, possa realmente entrare in rapporto filiale con Dio. Tale dialogo è l‟alleanza nuova e definitiva di Dio con l‟uomo, con tutti gli uomini e con ciascun uomo. Dio che sopporta lo smarrimento, lo permette, ma nel suo amore fedele continua a cercare, ad attendere, a essere vigilante verso chi si è perduto; Dio che fa festa, è nella gioia, quando un uomo che si era perso, fino a sprofondare nell‟inferno, riesce a risalire, ad alzarsi, a risorgere[13].

L‟amore misericordioso, in croce, è il compimento di tutte le profezie, è il più profondo chinarsi della divinità sull‟uomo. Gesù ci propone la sua vittoria sulla radice del male, il peccato e la morte, attraverso la forza dell‟amore misericordioso che si è espresso nel sacrificio della croce. La nostra lotta contro il male deve tradursi in capacità di essere a nostra volta misericordiosi.

Il Cristo è alla porta e bussa al cuore di ogni uomo e lo sollecita alla misericordia: quando il cuore dell‟uomo si fa misericordioso abbiamo il vero cristiano nel quale l‟amore è condotto alla perfezione.

13 MOLONEY G., *L'incredibile misericordia. Gesù rivela l'amore del Padre*, Città Nuova, Roma 1992.

Maria, seguendo da vicino il Cristo, coinvolta in pieno nel suo sacrificio sotto la croce, ha collaborato e ha dato il suo singolare contributo alla rivelazione dell"amore misericordioso di Dio, ha vissuto il suo *sì* che l"ha inserita profondamente nel mistero di Cristo.

1.4 *La Chiesa condivide l"inquietudine di tanti uomini contemporanei Quali sono i tratti che fanno l"identikit di questa nostra generazione?*

Ai numeri 10 e 11[14] il Papa fa una descrizione degli elementi positivi e negativi del nostro mondo, rifacendosi, in modo chiaro, a quanto dice il Concilio Ecumenico Vaticano II nella GS[15] e a quanto egli scrisse nella RH[16].

Gli aspetti positivi sono: il progresso della scienza e della tecnica, ad opera dell"intelligenza e del lavoro dell"uomo unito a una più approfondita conoscenza della vita sociale e culturale: pensiamo ai progressi della psicologia e della sociologia. Pensiamo anche agli sviluppi dell"informatica, rafforzando la reale possibilità di partecipare con immediatezza ai patrimoni culturali, alle situazioni e agli avvenimenti che stanno succedendo in ogni parte del mondo.

Allo stesso tempo emergono oggi aspetti inquietanti che pesano su di noi come delle vere e proprie minacce: la paura esistenziale, avvertita oggi come insicurezza totale, una civiltà materialistica che accetta il primato delle cose sulla persona, nuove forme di schiavitù che privano o riducono il diritto alla libertà e alla verità, ivi compreso il diritto alla libertà religiosa, diritto negato esplicitamente nei Paesi dell"Est, ma anche svuotato e manipolato in Occidente.

Si tratta di una situazione di gravissima diseguaglianza. Il progresso vero si dà in proporzione della crescita di umanità: occorre una reimpostazione del nostro modo di pensare, un nuovo modo di agire, una nuova coscienza.

Basta la giustizia?

14 GIOVANNI PAOLO II, Lettera enciclica *Dives in misericordia*, 30 novembre 1980, in *AAS* 72 (1980), 1128.

15 Costituzione pastorale *Gaudium et Spes*, 4-10.

16 GIOVANNI PAOLO II, Lettera enciclica *Redemptor Hominis*, 4 marzo 1979, in *AAS* 71 (1979), 11-19.

L"esperienza del passato e del nostro tempo dimostra che la giustizia da sola non basta e che, anzi, può condurre alla negazione e all'annientamento di se stessa, se non si consente a *quella forza più profonda, che è l'amore,* di plasmare la vita umana nelle sue varie dimensioni[17].

Nell"amore-amicizia-comprensione tra di noi troviamo il punto di partenza per una nuova impostazione delle cose, onde evitare le attuali minacce.

1.5 *La misericordia di Dio nella missione della Chiesa*

Qual è il compito della Chiesa di fronte alla misericordia divina? Il Papa è molto esplicito:

> «occorre che la Chiesa del nostro tempo prenda più profonda e particolare coscienza della necessità di rendere testimonianza alla misericordia di Dio in tutta la sua missione (...)» (*DM*, VII). Se la missione di Cristo è stata quella di rendere presente tra gli uomini l"amore misericordioso di Dio, se il mondo di oggi ha bisogno soprattutto di amore, di comprensione, di misericordia, la Chiesa, per essere fedele a Dio e all"uomo, deve ripresentare la misericordia divina[18].

1.5.1 *La Chiesa professa e proclama la misericordia di Dio*

La Chiesa di oggi parla della necessità dell'evangelizzazione. Evangelizzare che cosa?

L'amore misericordioso perché soltanto questo salva l"uomo.

In che modo la Chiesa approfondisce la sua fede e fa sempre più l"esperienza della misericordia divina? Con la meditazione della Parola di Dio ci rivela l"amore di Dio, infinito, paziente, gratuito; il sacramento dell"eucarestia è il sacramento dell"amore che in Cristo ha superato la morte e il peccato. Con la sua croce e la sua risurrezione ci comunica la sua vita, chiedendoci di fare altrettanto nei riguardi dei nostri fratelli. L"esperienza profonda della misericordia divina ci converte in autentici figli di Dio, in cammino verso la casa del Padre. La

17 ——, Lettera enciclica *Dives in misericordia*, 30 novembre 1980, in *AAS* 72 (1980), 1126-1128.
18 KASPER W., *Misericordia. Concetto fondamentale del Vangelo – Chiave della vita cristiana*, Queriniana, Brescia 2013.

conversione a Dio consiste nello scoprire la sua misericordia, cioè quell“amore che è paziente e benigno. Le nostre opere hanno valore se provengono da un cuore di figlio, afferrato e convinto dall"amore del Padre[19].

1.5.2 *La Chiesa cerca di attuare la misericordia*

La Chiesa non è solo chiamata ad accogliere e a sperimentare su di sé la misericordia di Dio, ma anche ad essere lei stessa misericordia.

Prima ancora di parlare di gesti e parole, si tratta di verificare che al centro della coscienza del cristiano, ci sia la convinzione profonda che l“amore misericordioso è la caratteristica essenziale della vocazione cristiana, la forza unificante di tutto l“agire cristiano: non tanto per acquistare dei meriti o dei riconoscimenti, ma proprio come manifestazione della nostra vocazione cristiana.

Noi amiamo, vogliamo e possiamo amare, per il solo fatto che Dio ci ama e ci ama in quel modo. Il cristiano nel suo operare trova nel Cristo Crocifisso il modello, l“ispirazione e la verifica.

Come la Chiesa deve attuare la misericordia[20]?

Instaurando rapporti di reciprocità: quando il cristiano *fa l'opera buona*, la fa con la convinzione che è più quello che riceve che quello che dà, in una parola la fa come Dio fa con lui. Quando il cristiano riceve gesti di amore e di misericordia dal suo prossimo, li riceve con la semplicità e la gratitudine del bambino, con la gioia sincera dell"amico, con il desiderio e la volontà di mettere in comune quello che a sua volta lui ha.

Mentre la giustizia si limita alla ripartizione dei beni e delle cose, l“amore e la misericordia fanno sì che gli uomini si incontrino fra loro, si comunichino non solo le cose e i beni, ma anche quello che sono loro stessi. Se la giustizia tende a rivendicare i propri diritti, a dividere per dare a ciascuno il suo, questo può

19 ID., *La sfida della misericordia*, Qiqajon, Magnano 2015.
20 KASPER W., *Misericordia. Concetto fondamentale del vangelo – Chiave della vita cristiana*, Queriniana, Brescia 2013, 237.

favorire l"individualismo; l"amore e la misericordia invece favoriscono la comunione, l"amicizia, la gioia della condivisione. Il che non significa che la giustizia non serva, ma che se non è guidata e sostenuta dall"amore può creare ulteriori ingiustizie. Il perdono è essenziale perché ci sia realmente l"amore tra gli uomini; il superamento dello sbaglio e dell"offesa si chiama perdono o riconciliazione, per cui si può stabilire una comunione ancor più profonda di quella di prima. Cristo impegna la coscienza del cristiano a chiedere il perdono di Dio su di sé nella misura in cui noi sappiamo perdonare le offese ricevute. Ancora una volta abbiamo la convergenza reciproca della giustizia e dell"amore: se quella mira alla giusta compensazione, l"amore che sfocia nel perdono fa ritrovare la vera dignità o grandezza umana, sia in colui che perdona come in colui che è perdonato. Questo perdono, oggi troppo spesso scambiato per debolezza, costituisce in effetti la vera scuola di buona volontà per la convivenza di ogni giorno[21].

1.5.3 La Chiesa invoca la misericordia divina

La Chiesa, oggi, proprio perché crede fermamente nella misericordia di Dio e proprio perché il mondo ne ha estremo bisogno, implora l"intervento di Dio che, nel mistero pasquale di Cristo ha assicurato per sempre la vittoria dell"amore sull"odio, della vita sulla morte, della misericordia sul peccato, per tutti coloro che in lui credono.

La fede, la speranza e la carità se da una parte ci fanno attingere all"amore di Dio, dall"altra ci permettono di amare tutti gli uomini superando le divisioni, i mille egoismi e permettendoci di dialogare anche con l"avversario, l"emarginato, guardando al bene dell"altro, quel bene che coincide con la verità e con la felicità. E" il cuore stesso dell"uomo che quasi istintivamente desidera gridare a Dio che ci ridoni ancora una volta il suo amore misericordioso in questa fase critica della storia della Chiesa e del mondo[22].

21 BIANCHI E., *L'amore scandaloso di Dio*, San Paolo, Cinisello Balsamo 2016, 10-11.
22 KASPER W., *Misericordia. Concetto fondamentale del vangelo – Chiave della vita cristiana*, Queriniana, Brescia 2013.

Si potrebbe dire che la misericordia è la fedeltà di Dio al suo progetto d‟amore con il quale la dignità della persona umana è insieme riconosciuta e restaurata. L‟origine della misericordia è il Padre stesso che il Figlio ci ha manifestato pienamente in parole e in azioni, principalmente nel mistero pasquale. Si tratta di mostrarsi sempre al servizio dei fratelli, anche ingiusti o colpevoli; si tratta di rendere il bene per il male, rinunciando ai propri diritti, per amore di quest‟uomo che si mostra adesso il mio avversario.

Secondo Capitolo
IL MAGISTERO DI PAPA FRANCESCO

2.1 La gioia di Dio è perdonare

Un amore così grande, così profondo quello di Dio verso di noi, un amore che non viene mai meno, afferra sempre la nostra mano, ci sorregge, ci rialza e ci guida.

L"apostolo Tommaso fa esperienza della misericordia di Dio che ha un volto concreto, quello di Gesù Risorto. Tommaso non si fida di ciò che gli dicono gli altri apostoli: «Abbiamo visto il Signore» (*Gv* 20,25), non gli basta la promessa di Gesù che aveva annunciato: «Il terzo giorno risorgerò» (*Mt* 27, 62-63). Vuole vedere, vuole mettere la sua mano nel segno dei chiodi e nel costato.

E qual è la reazione di Gesù? La pazienza: Gesù non abbandona il testardo Tommaso nella sua incredulità, gli dona una settimana di tempo, non chiude la porta ma attende. E Tommaso riconosce la propria povertà, la poca fede.

«Mio Signore e mio Dio» (*Gv* 20,28), con quest"invocazione semplice ma piena di fede risponde alla pazienza di Gesù, si lascia avvolgere dalla misericordia divina, lo vede davanti a sé, nelle ferite delle mani e dei piedi, nel costato aperto e ritrova la fiducia. E" un uomo nuovo, non più incredulo, ma credente.

Il volto di Dio è quello di un Padre misericordioso: la pazienza che lui ha con ciascuno di noi è la sua misericordia. Colpisce l"atteggiamento di Gesù nei confronti della donna adultera[23] che salva dalla condanna a morte. Non sentiamo parole di disprezzo, non sentiamo parole di condanna, ma soltanto parole di amore, di misericordia, che invitano alla conversione. «Neanche io ti condanno: va e d"ora in poi non peccare più» (*Gv* 8,11).

Un po" di misericordia rende il mondo meno freddo e più giusto; noi ci stanchiamo di chiedere perdono, non vogliamo, ma Gesù mai si stanca di

23 Cfr. *Gv* 8, 1-11.

perdonare, lui è il Padre amoroso che ha quel cuore di misericordia per tutti noi[24]. «Anche se i nostri peccati fossero come scarlatto, l"amore di Dio li renderebbe bianchi come la neve» (*Is* 1,18).

Pensiamo ai due discepoli di Emmaus[25]: il volto triste, un camminare vuoto, senza speranza. Ma Gesù non li abbandona, percorre insieme a loro la strada, con pazienza spiega loro le Scritture che si riferivano a lui e si ferma a condividere con loro il pasto. Questo è lo stile di Dio: non è impaziente come noi, che spesso vogliamo tutto e subito, anche con le persone. Dio è paziente con noi perché ci ama e chi ama comprende, spera, dà fiducia, non taglia i ponti e sa perdonare.

Pensiamo anche a quel figlio minore[26] che era nella casa del padre ed era amato; eppure vuole la sua parte di eredità, se ne va via, spende tutto e quando ha toccato il fondo, sente la nostalgia del calore della casa paterna e ritorna. E il padre aveva dimenticato il figlio? No, mai. Il padre con pazienza e amore, con speranza e misericordia non aveva smesso un attimo di pensare a lui e, appena lo vede ancora lontano, gli corre incontro e lo abbraccia con la tenerezza di Dio, senza una parola di rimprovero. Anche se lo aveva lasciato, anche se aveva sperperato tutto il patrimonio, cioè la sua libertà, è sempre stato nel suo cuore come figlio.

Un grande teologo tedesco, Romano Guardini, diceva che Dio risponde alla nostra debolezza con la sua pazienza e questo è il motivo della nostra fiducia, della nostra speranza[27]. La pazienza di Dio deve trovare in noi il coraggio di ritornare a lui, qualunque errore, qualunque peccato ci sia nella nostra vita. Gesù invita Tommaso a mettere la mano nelle sue piaghe delle mani e dei piedi e nella ferita del costato.

24 FRANCESCO, *Angelus*, 17 marzo 2013, in *AAS* 105 (2013), 379-381.
25 *Lc* 24, 15-30.
26 *Lc* 15, 11-20.
27 Cfr. R. GUARDINI, *Glaubensbekenntnis*, in http://www.piccolenote.ilgiornale.it/8346/il-papa-la-pazienza-di- Dio-ci-aspetta (ultimo accesso 17/12/2017) .

Anche noi possiamo entrare nelle piaghe di Gesù, possiamo toccarlo realmente e questo accade ogni volta che riceviamo con fede i sacramenti. E" proprio nelle ferite di Gesù che noi siamo sicuri, lì si manifesta l"amore immenso del suo cuore. Per Dio noi non siamo numeri, siamo importanti, anzi siamo quanto di più importante egli abbia; anche se peccatori, siamo ciò che gli sta più a cuore.

Adamo dopo il peccato prova vergogna, si sente nudo, sente il peso di quello che ha fatto; eppure Dio non lo abbandona: se in quel momento inizia l"esilio da Dio, con il peccato, c"è già la promessa del ritorno, la possibilità di ritornare a lui. Dio chiede subito: «Adamo, dove sei?» (*Gn* 3,9) e lo cerca.

Gesù è diventato nudo per noi, si è caricato della vergogna di Adamo, della nudità del suo peccato per lavare il nostro peccato: dalle sue piaghe siamo stati guariti.

Proprio nel sentire il nostro peccato, nel guardare il nostro peccato, possiamo vedere, incontrare la misericordia di Dio e andare da lui per ricevere il perdono[28].

Gesù, con i suoi discepoli, stava arrivando a Nain, in un villaggio della Galilea, proprio nel momento in cui si stava svolgendo un funerale: si portò alla sepoltura un ragazzo, figlio unico di una donna vedova[29]. Lo sguardo di Gesù si fissò subito sulla madre in pianto: «Vedendola, il Signore fu preso da grande compassione per lei» (*Lc* 7,13). Questa compassione è l"amore di Dio per l"uomo, è la misericordia, cioè l"atteggiamento di Dio a contatto con la miseria umana, con la nostra sofferenza e la nostra angoscia.

Gesù disse alla vedova di Nain: «Non piangere!», poi chiamò il ragazzo morto e lo risvegliò come da un sonno (*Lc* 7, 13-15). La misericordia di Dio non è solo un sentimento, ma è una forza che dà vita all"uomo, lo risuscita dalla morte. Il frutto di questo amore, di questa misericordia è la vita.

28 FRANCESCO, *Omelia*, 7 aprile 2013, in *AAS* 105 (2013), 423-424.
29 *Lc* 7, 11-17.

Fondamentale è il racconto della morte di Cristo secondo Giovanni: egli testimonia ciò che ha veduto sul Calvario, cioè che un soldato, quando Gesù era già morto, gli colpì il fianco con la lancia e da quella ferita ne uscirono sangue ed acqua[30].

Giovanni riconobbe in quel segno, apparentemente casuale, il compimento delle profezie: dal cuore di Gesù, agnello immolato sulla croce, scaturiscono, per tutti gli uomini, il perdono e la vita.

Il cuore di Gesù è il simbolo per eccellenza della misericordia di Dio, è la fonte da cui è sgorgata la salvezza per l"umanità intera[31].

«Venite a me, voi tutti che siete stanchi e oppressi e io vi darò ristoro. Prendete il mio giogo sopra di voi e imparate da me, che sono mite e umile di cuore» (*Mt* 11, 28-29).

Il Signore ci attende con misericordia; se gli mostriamo le nostre ferite interiori, i nostri peccati, egli sempre ci perdona. Solo l"amore riempie i vuoti, le voragini negative che il male apre nel cuore e nella storia. Ognuno di noi è la pecorella smarrita[32], la moneta perduta[33] e quel figlio[34] che ha sciupato la propria libertà seguendo idoli falsi, miraggi di felicità e ha perso tutto.

Il Padre rispetta la nostra libertà, ma rimane sempre fedele. Il suo cuore è in festa per ogni figlio che ritorna. Il maligno è furbo, ci illude che con la nostra giustizia umana possiamo salvarci e salvare il mondo; solo la giustizia di Dio, che si è rivelata nella croce, può salvare.

La croce è il giudizio di Dio su tutti noi e su questo mondo: egli ci giudica dando la vita per noi. Non è la sola pratica dei precetti che salva: è l"amore per Dio e per il prossimo che dà compimento a tutti i comandamenti[35].

30 *Gv* 19, 33-34.
31 FRANCESCO, *Angelus*, 9 giugno 2013, in *AAS* 105 (2013), 470-473.
32 *Lc* 15,3.
33 *Lc* 15,8.
34 *Lc* 15, 11-20.
35 FRANCESCO, *Angelus*, 15 settembre 2013, in *AAS* 105 (2013), 877-893.

2.1.1 Siamo fedeli e come pastori dobbiamo dare tanta misericordia

Rivolgiamo lo sguardo a Gesù che cammina per le città e i villaggi, per il mondo. Poteva sembrare un senzatetto, perché era sempre sulla strada. Questo ci porta a cogliere la profondità del suo cuore, ciò che lui prova per le folle e per le gente che incontra: un atteggiamento interiore di compassione. Vede le *persone stanche e sfinite*, come pecore senza pastore, popolazioni di tanti Paesi che attraversano situazioni difficili.

2.2 *Nella Chiesa tutta è il tempo della misericordia*

Il beato Giovanni Paolo II aveva avuto il fiuto che questo sarebbe stato il tempo della misericordia. Sta ai preti, come ministri della Chiesa, tenere vivo questo messaggio del Magistero della Chiesa soprattutto nella predicazione, nei gesti, nei segni, nelle scelte pastorali, restituendo priorità al sacramento della riconciliazione[36] e alle opere di misericordia.

Gesù ha le viscere di Dio, è pieno di tenerezza verso la gente, specialmente verso le persone escluse, verso i peccatori, verso i malati di cui nessuno si prende cura. A immagine del buon pastore, il prete è uomo di misericordia e compassione, vicino alla sua gente e servitore di tutti; chiunque si trovi ferito nella propria vita, in qualsiasi modo può trovare in lui attenzione e ascolto. Il prete dimostra viscere di misericordia in tutto il suo discernimento, nel modo di accogliere, ascoltare, consigliare e assolvere. E questo deriva da come lui stesso, in prima persona, vive il sacramento, da come si lascia abbracciare da Dio Padre nella Confessione e come rimane dentro questo abbraccio. Vivendo questo su di sé, nel proprio cuore, può anche donarlo agli altri nel ministero.

Possiamo pensare la chiesa come un ospedale da campo[37]: c"è bisogno di curare tante ferite. Gente ferita dalle illusioni del mondo.

36 Riconciliare: fare pace mediante il sacramento.
37 FRANCESCO, Esortazione apostolica *Amoris Laetitia*, 19 marzo 2016, in *AAS* 108, CVIII (2016), 311-446.

Misericordia significa prima di tutto curare le ferite; ci sono anche ferite nascoste, perché c"è gente che si allontana per non far vedere le proprie ferite.

Pensiamo all"abitudine, per la legge mosaica, dei lebbrosi al tempo di Gesù, che sempre erano allontanati, per non contagiare. C"è gente che si allontana per la vergogna di non far vedere le ferite. La vera misericordia si fa carico della persona, la ascolta attentamente, si accosta con rispetto e con verità alla sua situazione, accompagnandola nel cammino della riconciliazione. Il sacerdote veramente misericordioso si comporta come il buon samaritano perché il suo cuore è capace di compassione, è il cuore di Cristo.

Il sacerdote e il levita che passarono prima del buon samaritano non seppero avvicinarsi a quella persona malmenata dai banditi. Il loro cuore era chiuso. Forse il prete ha guardato l"orologio e ha detto: «Devo andare alla messa, non posso arrivare in ritardo. E se n"è andato»? Quante volte prendiamo giustificazioni per girare intorno al problema, alla persona. Il cuore chiuso si giustifica sempre per quello che non fa. Il samaritano apre il suo cuore, si lascia commuovere nelle viscere e questo movimento interiore si traduce in azione pratica, in un intervento concreto ed efficace per aiutare quella persona. Alla fine dei tempi, sarà ammesso a contemplare la carne glorificata di Cristo solo chi non avrà avuto vergogna della carne del suo fratello ferito ed escluso.

2.3 Misericordia significa né manica larga, né rigidità

Né il lassismo, né il rigorismo fanno crescere la santità: né l"uno, né l"altro si fa carico della persona che incontra. Il rigorista si lava le mani, inchioda la persona alla legge, intesa in modo freddo e rigido. Il lassista apparentemente è misericordioso; in realtà non prende sul serio il problema di quella coscienza, minimizzando il peccato.

La misericordia accompagna il cammino della santità e la fa crescere attraverso la *sofferenza pastorale,* una forma della misericordia e vuol dire soffrire per e con le persone: soffrire come un padre e una madre soffrono per i figli, anche con ansia.

Alla fine saremo giudicati su come avremo saputo avvicinarci *ad ogni carne*[38], farci prossimo alla carne del fratello.

2.4 Ogni incontro con Gesù ci cambia la vita e ci riempie di gioia

Un uomo[39], prima di partire per un viaggio, convocò i servitori e affidò loro il suo patrimonio in talenti, monete antiche di grandissimo valore. Il padrone affidò al primo servitore cinque talenti, al secondo due e al terzo uno. Durante l"assenza del padrone, i tre servitori dovevano far fruttare questo patrimonio. Il primo e il secondo servitore raddoppiarono ciascuno il loro capitale di partenza; il terzo, invece, per paura di perdere tutto, seppellì il talento ricevuto in una buca. Al ritorno del padrone, i primi due ricevettero la lode e la ricompensa, mentre il terzo, che restituì soltanto la moneta ricevuta, venne rimproverato e punito.

L"uomo della parabola rappresenta Gesù, i servitori siamo noi e i talenti sono il patrimonio che il Signore affida a noi, la sua parola, l"eucaristia, la fede nel Padre celeste, il suo perdono, i suoi beni più preziosi. Non è un patrimonio solo da custodire ma da far crescere[40].

Mentre nell"uso comune il termine *talento* indica una spiccata qualità individuale[41], nella parabola i talenti rappresentano i beni del Signore, che lui ci affida perché li facciamo fruttare. La buca scavata nel terreno dal servo malvagio e pigro[42] indica la paura del rischio che blocca la creatività e la fecondità dell"amore. Gesù non ci chiede di conservare la sua grazia in cassaforte, ma vuole che la si usi a vantaggio degli altri.

38 FRANCESCO, Esortazione apostolica *Amoris Laetitia*, 19 marzo 2016, in *AAS* 108, CVIII (2016), 311-446.
39 *Lc* 10,30.
40 FRANCESCO, *Discorso ai parroci di Roma*, 6 marzo 2014, in *AAS* 106, CVI (2014), 182-189.
41 Talento nella musica o nello sport.
42 *Mt* 25, 14-30.

Tutti i beni, che noi abbiamo ricevuto, sono per darli agli altri e così crescono. E" come se Gesù ci dicesse: «Eccoti la mia misericordia, la mia tenerezza, il mio perdono: prendili e fanne largo uso»[43].

I talenti, le ricchezze, tutto quello che Dio ci ha dato di spirituale, come faccio per fare in modo che cresca negli altri? O soltanto li custodiamo in cassaforte?

Qualunque ambiente, anche il più lontano e impraticabile, può diventare luogo dove far fruttificare i talenti. Non ci sono situazioni o luoghi preclusi alla presenza e alla testimonianza cristiana. La parabola ci sprona a non nascondere la nostra fede e la nostra appartenenza a Cristo, a non seppellire la Parola del Vangelo, ma a farla circolare nella nostra vita e nelle nostre relazioni. Il Signore non dà a tutti le stesse cose e nello stesso modo: ci conosce personalmente e ci affida quello che è giusto per noi. In tutti c"è qualcosa di uguale: la stessa immensa fiducia[44].

Significativo, a tal proposito, è l"incontro di Gesù con la samaritana, avvenuto a Sicar, presso un antico pozzo dove la donna si recava ogni giorno per attingere acqua. Quel giorno vi trovò Gesù seduto, *affaticato per il viaggio*. Subito egli le disse: «Dammi da bere» (*Gv* 4, 6-7). In questo modo egli supera le barriere di ostilità che esistevano tra giudei e samaritani, rompe gli schemi del pregiudizio nei confronti della donna. La semplice richiesta di Gesù è l"inizio di un dialogo schietto, mediante il quale lui, con grande delicatezza, entra nel mondo interiore di una persona alla quale, secondo gli schemi sociali, non avrebbe dovuto nemmeno rivolgere la parola. Gesù non ha paura, egli quando vede una persona va avanti, perché ama.

Gesù pone la persona davanti alla sua situazione, non giudicandola, ma facendola sentire considerata, riconosciuta e suscitando così in lei il desiderio di andare oltre la routine quotidiana. Non si ferma mai davanti ad una persona per pregiudizi. La misericordia è più grande del pregiudizio. I discepoli rimasero meravigliati che il loro maestro parlasse con quella donna.

43 *Mt* 25,26.
44 FRANCESCO, *Angelus*, 16 novembre 2014, in *AAS* 106 (2014), 979-981.

Quella di Gesù era sete, non tanto di acqua, ma di incontrare un“anima inaridita; Gesù aveva bisogno di incontrare la samaritana per aprirle il cuore. Le chiese da bere per mettere in evidenza la sete che c"era in lei stessa.

La samaritana rivolse a Gesù quelle domande profonde che tutti abbiamo dentro, ma che spesso ignoriamo[45]. La donna rimase toccata da questo incontro: «lasciò la sua anfora» (*Gv* 4,28), con la quale andava a prendere l“acqua, corse al villaggio, che la giudicava e la rifiutava, ad annunciare la sua esperienza straordinaria: «Ho trovato un uomo che mi ha detto tutte le cose che io ho fatto. Che sia forse il Messia?» (*Gv* 4,29). La donna era entusiasta, il Messia le aveva cambiato la vita. Era andata a prendere l“acqua del pozzo e ha trovato un“altra acqua, l“acqua viva della misericordia che zampilla per la vita eterna. Abbiamo tante domande da porre, ma non troviamo il coraggio di rivolgerle a Gesù. L“esempio della samaritana ci invita ad esprimerci così: «Gesù, dammi quest“acqua che mi disseterà in eterno». Troviamo, in conclusione, lo stimolo a *lasciare la nostra anfora* interiore, quella che ci pesa e ci allontana da Dio, simbolo di tutto ciò che apparentemente è importante ma che perde valore di fronte all"*amore di Dio*. Siamo chiamati a riscoprire l“importanza e il senso della nostra vita cristiana, iniziata nel battesimo, e a testimoniare ai nostri fratelli la gioia dell“incontro con Gesù che ci cambia la vita.

2.5 *I segni del Giubileo*

Domenica 8 dicembre 2015 si è aperta la Porta Santa nella Cattedrale di Roma, la Basilica di San Giovanni in Laterano e si è aperta una Porta della Misericordia nella cattedrale di ogni diocesi del mondo, anche nei santuari e nelle chiese indicate dai vescovi. La data coincide con la Solennità dell"Immacolata Concezione di Maria, di colei che Dio ha voluto santa e immacolata nell“amore, per non lasciare l“umanità sola ed in balìa del male. Il Giubileo della misericordia è in tutto il mondo, non soltanto a Roma;

45 *Gv* 4,9.

un‟esperienza condivisa da ogni persona. La prima Porta Santa è stata aperta nel cuore dell‟Africa e Roma è il segno visibile della comunione universale. La chiesa nel mondo deve essere il segno vivo dell‟amore e della misericordia del Padre[46]. La data dell‟8 dicembre ha anche voluto sottolineare quest‟esigenza, collegando, a cinquant‟anni di distanza, l‟inizio del Giubileo con la conclusione del Concilio Ecumenico Vaticano II.

Il Concilio ha contemplato e presentato la chiesa alla luce del mistero della comunione. Sparsa in tutto il mondo e articolata in tante chiese particolari, è però sempre e solo l‟unica chiesa di Gesù Cristo, quella che lui ha voluto e per la quale ha offerto sé stesso. La chiesa una che vive della comunione stessa di Dio. Questo mistero di comunione, che rende la chiesa segno dell‟amore del Padre, cresce e matura nel nostro cuore, quando l‟amore, che riconosciamo nella croce di Cristo e in cui ci immergiamo, ci fa amare come noi stessi siamo amati da lui. Si tratta di un amore senza fine, che ha il volto del perdono e della misericordia.

La misericordia e il perdono non devono rimanere belle parole, ma realizzarsi nella vita quotidiana. Amare e perdonare sono il segno concreto e visibile che la fede ha trasformato i nostri cuori e ci consente di esprimere in noi la vita stessa di Dio.

La Porta indica Gesù stesso che ha detto: «Io sono la Porta: se uno entra attraverso di me, sarà salvo; entrerà e uscirà e troverà pascolo» (*Gv* 10,9). Attraversare la Porta Santa è il segno della nostra fiducia nel Signore Gesù che non è venuto per giudicare, ma per salvare[47].

Come la Porta Santa rimane aperta, perché è il segno dell‟accoglienza che Dio stesso ci riserva, così anche la porta del nostro cuore deve essere sempre spalancata per non escludere nessuno.

46 TETTAMANZI D., *Misericordia. Il Giubileo di papa Francesco*, Einaudi, Torino 2015.
47 Cfr. Gv 12,47.

Non avrebbe molta efficacia l'"Anno Santo se la porta del nostro cuore non lasciasse passare Cristo che ci spinge ad andare verso gli altri, per portare Lui e il suo amore.

Segno importante del Giubileo è la confessione: accostarsi al sacramento attraverso il quale veniamo riconciliati con Dio, equivale a fare esperienza diretta della sua misericordia.

Tutti abbiamo sentito questo: «Non riesco a perdonare»[48]. Ma come si può chiedere a Dio di perdonarci, se poi noi non siamo capaci di perdono? Non è facile perdonare perché il nostro cuore è povero e con le sue sole forze non ce la può fare. Se però ci apriamo ad accogliere la misericordia di Dio per noi, a nostra volta diventiamo capaci di perdono.

2.6 *Analisi acrostica della parola misericordia*[49]

Missionarietà e pastoralità: la missionarietà non è solo una questione di territori geografici, ma di popoli, di culture e di singole persone, proprio perché i confini della fede non attraversano solo luoghi e tradizioni umane, ma il cuore di ciascun uomo e di ciascuna donna. Il Concilio Vaticano II ha sottolineato in modo speciale come il compito missionario, il compito di allargare i confini della fede, sia proprio di ogni battezzato e di tutte le comunità cristiane. La Chiesa è, nella sua qualità di corpo di Cristo, sacramento della permanente presenza efficace di Cristo nel mondo. La chiesa deve rendere presente nella storia e nella vita del singolo cristiano il vangelo della misericordia[50]. Ovviamente non basta che la chiesa parli di misericordia, bisogna fare la verità: il suo messaggio deve far sentire i suoi effetti sulla prassi concreta, deve essere lievito, sale, luce del mondo per promuovere una cultura della misericordia e impegnarsi per la vita del mondo. Ogni battezzato è missionario della buona

48 FRANCESCO, *Udienza Generale*, 16 dicembre 2015, in *AAS* 108, CVIII (2016), 7-10.
49 M. RICCI, *Catalogo delle virtù necessarie*, in http://www.osservatoreromano.va/it/news/catalogo-delle-virtù- necessarie (ultimo accesso 21/12/2017).
50 KASPER W., *Misericordia. Concetto fondamentale del vangelo – Chiave della vita cristiana*, Queriniana, Brescia 2013, 236.

novella innanzitutto con la sua vita, con il suo lavoro e con la sua gioiosa e convinta testimonianza. La pastoralità è l"impegno quotidiano di seguire il buon pastore, che si prende cura delle sue pecorelle e dà la sua vita per salvare la vita degli altri.

Idoneità e sagacia: l"idoneità richiede lo sforzo personale di acquistare i requisiti necessari per esercitare al meglio i propri compiti, con l"intelletto e l"intuizione. La sagacia è la prontezza di mente per comprendere e affrontare le situazioni con saggezza e creatività. Idoneità e sagacia rappresentano la risposta umana alla grazia divina, il comportamento del discepolo che si rivolge al Signore tutti i giorni con queste parole: «Guidami con la tua sapienza, reggimi con la tua giustizia, incoraggiami con la tua bontà, proteggimi con la tua potenza»[51].

Spiritualità e umanità: la spiritualità è la colonna portante di qualsiasi servizio nella chiesa e nella vita cristiana; è ciò che alimenta tutto il nostro operato e lo protegge dalla fragilità umana e dalle tentazioni quotidiane. L"umanità è ciò che ci rende diversi dalle macchine e dai robot che non sentono e non si commuovono; è il saper mostrare tenerezza, familiarità e cortesia con tutti.

Esemplarità e fedeltà: fedeltà alla nostra vocazione e l"esemplarità utile per evitare gli scandali che feriscono le anime e minacciano la credibilità della nostra testimonianza[52].

Razionalità e amabilità: la razionalità serve per evitare gli eccessi emotivi e l"amabilità per evitare gli eccessi della burocrazia. Entrambe sono doti necessarie per l"equilibrio della personalità. Ogni eccesso è indice di qualche squilibrio.

Innocuità e determinazione: l"innocuità ci rende capaci di astenerci da azioni impulsive e affrettate; è la capacità di far emergere il meglio da noi stessi e dalle situazioni, agendo con attenzione e comprensione. «E" il fare agli altri quello

51 CLEMENTE XI, «Preghiera universale», in *Missale Romanum* (2002).
52 PAOLO VI, *Discorso alla Curia Romana*, 21 settembre 1963, in *AAS* 55 (1963), 793-800.

che vorresti fosse fatto a te» (cfr. *Mt* 7,12). La determinazione è l"agire con volontà risoluta, con visione chiara e con obbedienza a Dio.

Carità e verità: le due virtù indissolubili dell"esistenza cristiana. Occorre coniugare la carità con la verità non solo nella direzione, segnata da San Paolo, della *veritas in caritate*[53], ma anche in quella, inversa e complementare, della *caritas in veritate*. La verità va cercata, trovata ed espressa nell"economia della carità, ma la carità, a sua volta, va compresa e praticata nella luce della verità.

Onestà e maturità: l"onestà è la rettitudine, la coerenza e l"agire con sincerità assoluta con noi stessi e con Dio. L"onesto non teme di essere sorpreso, perché non inganna mai colui che si fida di lui. Maturità è la ricerca di raggiungere l"armonia tra le nostre capacità fisiche, psichiche e spirituali; è l"esito di un processo di sviluppo che non finisce mai e che non dipende dall"età che abbiamo.

Rispettosità e umiltà: la rispettosità è la dote delle anime nobili e delicate, di quelle persone che cercano sempre di dimostrare rispetto autentico agli altri, che sanno ascoltare attentamente e parlare educatamente. L'umiltà è la virtù dei santi e delle persone piene di Dio. Doviziosità e attenzione: più abbiamo fiducia in Dio e nella sua provvidenza, più siamo doviziosi di anima e più siamo aperti nel dare, sapendo che più si dà, più si riceve. E" inutile aprire tutte le porte sante, di tutte le basiliche del mondo, se la porta del nostro cuore rimane chiusa all'amore, se le nostre mani rimangono chiuse al donare, se le nostre case rimangono chiuse all"ospitare e se le nostre chiese rimangono chiuse all"accogliere.

L'attenzione è il curare i dettagli, l"offrire il meglio di noi e il non abbassare mai la guardia sui nostri vizi e sulle nostre mancanze.

Impavidità e prontezza: essere impavido significa non lasciarsi impaurire di fronte alle difficoltà; significa agire con audacia e determinazione, saper fare il primo passo senza indugiare. La prontezza è il saper agire con libertà e agilità

53 «Fare la verità nella carità e vivere la carità nella verità» (*Ef* 4,15).

senza attaccarsi alle cose materiali che passano. Essere pronto vuol dire essere sempre in cammino, senza mai farsi appesantire accumulando cose inutili e chiudendosi nei propri progetti, senza mai farsi dominare dall"ambizione.

Affidabilità e sobrietà: affidabile è colui che sa mantenere gli impegni con serietà, è colui che irradia attorno a sé un senso di tranquillità perché non tradisce mai la fiducia che gli è stata accordata. La sobrietà è la capacità di rinunciare al superfluo, è prudenza, semplicità, essenzialità, equilibrio e temperanza. La sobrietà è guardare il mondo con gli occhi di Dio e con lo sguardo dei poveri; è uno stile di vita che indica il primato dell"altro, esprime premura e servizio verso gli altri. Chi è sobrio è una persona coerente ed essenziale in tutto perché sa ridurre, recuperare, riciclare, riparare e vivere con il senso della misura.

Tutto nella nostra vita, oggi come al tempo di Gesù, comincia con un incontro. Pensiamo al vangelo di Giovanni, là dove si racconta del primo incontro dei discepoli con Gesù[54].

Andrea, Giovanni e Simone si sentirono guardati fin nel profondo, conosciuti intimamente e, questo, generò in loro una sorpresa, uno stupore che, immediatamente, li fece sentire legati a lui.

Altro episodio fu quando, dopo la risurrezione, Gesù chiese a Pietro: «Mi ami?» (*Gv* 21,15) e Pietro rispose: «Sì»; quel sì non era l"esito di una forza di volontà interiore, bensì veniva prima ancora dalla grazia. Gesù Cristo ci precede sempre: lui è come il fiore del mandorlo, è quello che fiorisce per primo e annuncia la primavera. Il luogo privilegiato dell"incontro è la carezza della misericordia di Gesù verso il mio peccato; è da questo abbraccio di misericordia che può scaturire una vita diversa.

La morale cristiana non è lo sforzo volontaristico di chi decide di essere coerente e ci riesce, non è una sorta di sfida solitaria di fronte al mondo. La morale cristiana è la risposta commossa di fronte a una misericordia

54 Cfr. *Gv* 1, 35-42.

sorprendente e imprevedibile che mi conosce e conosce i miei tradimenti, mi vuole bene lo stesso, mi stima, mi abbraccia, mi chiama di nuovo e spera in me. La morale cristiana non è non cadere mai, ma alzarsi sempre grazie alla mano di Gesù Cristo che ci prende. La strada della chiesa è quella di effondere la misericordia di Dio a tutte le persone che la chiedono con cuore sincero, è quella di *uscire* dal proprio peccato per andare a cercare i lontani nelle periferie dell'"esistenza[55] e, cioè, servire Gesù in ogni persona emarginata, abbandonata, senza fede, prigioniera del proprio egoismo; significa respingere l'"autoreferenzialità e saper ascoltare chi non è come noi, imparando da tutti, con umiltà sincera.

La misericordia non è un sentimento passeggero, non è la sintesi della buona notizia, ma è la scelta di chi vuole avere i sentimenti del *cuore di Gesù*[56], di chi vuol seguire seriamente il Signore che ci chiede: «Siate misericordiosi come il Padre vostro (miserando atque eligendo)» (*Lc* 6,36).

Solo la misericordia di Dio può liberare l'"umanità da tante forme di male, a volte mostruose, che l'"egoismo genera in essa; sia la misericordia a convertire i cuori, ad aprire nuove vie di uscita, a guidare i nostri passi e a illuminare le nostre decisioni. Sia essa la colonna portante del nostro operare.

55 FRANCESCO, *Omelia*, 15 febbraio 2015, in *AAS* 107 (2015), 255-259.

56 Questa espressione richiama subito alla mente l'"umanità di Cristo e ne sottolinea la compassione verso gli infermi, la predilezione per i poveri, la tenerezza verso i bambini, ma soprattutto l'amore che sgorga inarrestabile dal suo intimo.

Terzo Capitolo
QUASI UN'ENCICLICA SULLA MISERICORDIA: LA BOLLA DI INDIZIONE DEL GIUBILEO

3.1 Misericordia, architrave che sorregge la vita della Chiesa

Gesù è il volto della misericordia[57] di Dio e la missione della chiesa, in modo particolare nel nostro tempo, è quella di annunciare questo incessante amore del Padre per tutti i suoi figli, anche i più fragili, quelli più feriti, chiamando a rispondere al suo abbraccio persino i criminali. I padri, radunati nel Concilio, avevano percepito, come un vero soffio dello spirito, l"esigenza di parlare di Dio agli uomini, del loro tempo in un modo più comprensibile.

«Abbattute le muraglie che per troppo tempo avevano rinchiuso la chiesa in una cittadella privilegiata, era giunto il tempo di annunciare il vangelo in modo nuovo»[58].

Papa Francesco desidera che gli anni a venire siano intrisi di misericordia per andare incontro ad ogni persona portando la bontà e la tenerezza di Dio. Papa Francesco recupera l"insegnamento sulla misericordia dei suoi predecessori: di san Giovanni XXIII che parlava della medicina della misericordia, del beato Paolo VI che identificava la spiritualità del Vaticano II con quella del samaritano e di san Giovanni Paolo II che al tema della misericordia e al disagio dell"uomo contemporaneo, ha dedicato l"enciclica "Dives in misericordia".

La misericordia è il cuore della fede della chiesa, condizione della nostra salvezza e atto ultimo e supremo con il quale Dio ci viene incontro.

«Gesù afferma che la misericordia non è solo l"agire del Padre, ma diventa il criterio per capire chi sono i suoi veri figli [...]»[59]. Per risvegliare la nostra coscienza, spesso assopita davanti al dramma della povertà e per entrare sempre di più nel cuore del Vangelo, occorre riscoprire l"invito a dar da mangiare agli

57 Misericordiae vultus in latino.
58 FRANCESCO, Bolla di indizione *Misericordiae vultus*, 11 aprile 2015, in *AAS* 107 (2015), 401.
59 ——, *Misericordiae vultus*, 404-406.

affamati, accogliere i forestieri e consolare gli afflitti, eliminando ogni forma di chiusura, di disprezzo, di violenza e di discriminazione.

Attraversando la Porta Santa ci lasciamo abbracciare dalla misericordia di Dio e ci impegniamo ad essere misericordiosi con gli altri come il Padre lo è con noi. La misericordia è una meta da raggiungere e richiede impegno e sacrificio.

Rimanere sulla via del male è solo fonte di illusione e di tristezza: è il momento di ascoltare il pianto delle persone innocenti depredate dei beni, della dignità, degli affetti e della stessa vita.

Dio non si stanca mai di tendere la mano e spalancare la porta del suo cuore per ripetere che ci ama e vuole condividere con noi la sua vita. Lasciamoci sorprendere: questo l‟invito di papa Francesco.

Il pontefice ci offre numerose definizioni della misericordia: essa non è affatto un segno di debolezza, ma piuttosto la qualità dell‟onnipotenza di Dio ed è eterna. Tutti siamo chiamati a vivere di misericordia, una forza che infonde coraggio per guardare al futuro con speranza[60]. Il perdono delle offese diventa un imperativo da cui i cristiani non possono prescindere.

Si tratta di aprire il cuore alle periferie esistenziali, portando consolazione, misericordia, solidarietà e attenzione a quanti vivono situazioni di sofferenza nel mondo di oggi[61]. Mentre nel sacramento della riconciliazione i peccati vengono cancellati dal perdono di Dio, con l‟indulgenza, elemento caratteristico del Giubileo, il peccatore viene liberato dall‟impronta negativa del peccato; la persona viene quindi abilitata ad agire con carità e a crescere nell‟amore.

Inoltre papa Francesco invita i membri di gruppi criminali a non restare indifferenti di fronte alla chiamata a sperimentare la misericordia di Dio: è il momento favorevole per le persone fautrici, o complici di corruzione, per cambiare vita e debellare tale tentazione, usando prudenza, vigilanza, lealtà e coraggio della denuncia[62].

60 FRANCESCO, Bolla di indizione *Misericordiae vultus*, 11 aprile 2015, in *AAS* 107 (2015), 406.
61 KASPER W., *Misericordia. Concetto fondamentale del vangelo – Chiave della vita cristiana*, Queriniana, Brescia 2013, 268.
62 TETTAMANZI D., *Misericordia. Il Giubileo di papa Francesco*, Einaudi, Torino 2015.

Conclusione

Misericordia et misera: in due parole papa Francesco sintetizza l"intera esperienza del Giubileo; indica alla Chiesa il cammino necessario da proseguire perché la misericordia non appaia come una bella parentesi nella vita della comunità cristiana.

Il papa propone un"icona certamente suggestiva: una donna colta in adulterio viene condotta da Gesù perché esprima il suo giudizio. Il silenzio di Gesù che si china a scrivere per terra non è compreso: «Chi di voi è senza peccato, getti per primo la pietra contro di lei» (*Gv* 8,7). Tutti se ne andarono e rimasero solo loro due: la donna e Gesù, nelle parole di Agostino la *misera* e la *misericordia*[63]. La peccatrice non ha nome e, proprio per questo, si identifica con ognuno di noi; il volto buono e la voce pacata di Cristo sono gli stessi che ogni sacerdote è chiamato a fare suoi, perché l"incontro nel sacramento della riconciliazione possa essere percepito come momento di gratuita misericordia[64]. Nessun fedele deve trovare alcun ostacolo nel momento in cui, con il cuore sinceramente pentito, desidera incontrare la misericordia di Dio. Dio si accompagna sempre a quanti hanno bisogno della sua vicinanza e del suo amore.

«La misericordia è realmente la medicina che sana le ferite, l"olio del buon samaritano che si prende cura perché nessuno rimanga sul ciglio della strada solo e ferito» (cfr. *Lc* 10, 25-37).

63 G. VIGINI (ed.), *Il tempo della misericordia in Agostino*, San Paolo, Cinisello Balsamo 2016. Il contesto al quale la citazione fa riferimento è l"episodio della donna adultera condannata dagli scribi e dai farisei, ma perdonata da Gesù (cfr. *Gv* 8, 1-11). Si vuole mettere in luce il senso della giustizia di Dio e far emergere che, dalla disputa che si era accesa, alla fine rimasero solo in due: la misera e la misericordia. Agostino, fra i Padri della Chiesa, è colui che si è distinto per aver esaltato la paternità e la misericordia di Dio. Non ci sarebbe bisogno di misericordia se non ci fosse miseria: Gesù è stato inviato nel mondo per essere il medico che cura e porta la Salvezza, abbracciando tutti con la sua misericordia. La speranza perseverante nel Signore paziente e misericordioso è l"atteggiamento che Agostino pone come emblema del cammino cristiano. Non basta ricevere misericordia e tenerla per sé; bisogna donarla. Agostino si raccomanda che tutte le opere buone che si fanno abbiano uno stretto legame con la misericordia, non solo perché si dà, ma perché si condivide la sofferenza della persona a cui si dà.

64 FRANCESCO, Bolla di indizione *Misericordiae vultus*, 11 aprile 2015, in *AAS* 107 (2015), 406.

Pastoralmente, viene offerta l"iniziativa delle *24 ore per il Signore,* che già in molte diocesi del mondo viene celebrata come segno tangibile di un momento grande di riconciliazione proprio nel periodo quaresimale. Il papa lancia, inoltre, un"originale iniziativa: la *Giornata mondiale dei poveri*[65], pensando che la chiesa debba vivere almeno un giorno all"anno in cui il proprio sguardo sia focalizzato sui poveri. Sarebbe opportuna una domenica dedicata interamente alla Parola di Dio, per comprendere la ricchezza che proviene da quel dialogo costante di Dio con il suo popolo[66] e che permetta di mantenere vivo il desiderio di conoscere sempre più la Sacra Scrittura.

La ricchezza dell"Anno Santo ha permesso in tutte le comunità di ritrovare l"entusiasmo e la misericordia è tornata con ragione al centro; il desiderio di papa Francesco, perché la misericordia scacci la tristezza e riempia di gioia, è più che un augurio. E" un impegno rivolto ai credenti perché siano testimoni coerenti dei frutti operati dalla presenza dello Spirito Santo.

E" significativo, a tal proposito, il richiamo di papa Francesco al *silenzio* come «momento di forza e di amore» (*MM* 13): la volontà di dire tutto diventa un ostacolo per cogliere l"essenza della condivisione e del dolore. La misericordia insomma come uno stile di vita quotidiano[67].

E" suggestivo e di forte impegno infine il richiamo alla centralità della famiglia che il Papa descrive, facendo da eco ad *Amoris Laetitia,* perché non si dimentichi che «ognuno porta con sé la ricchezza e il peso della propria storia» (MM 14). Apprendere le dinamiche dell"amore con profondità nuova, alla luce del vangelo, come coppia o nel tessuto delle relazioni familiari, contribuisce al rinnovamento della vita ecclesiale a aiuta a maturare comportamenti di apertura, di perdono e di inclusione a livello sociale e politico[68].

65 ——, Lettera apostolica *Misericordia et misera,* 20 novembre 2016, in *AAS* 108 (2016), 1326-1327.

66 ____, *Misericordia et misera,* 1316-1317.

67 Si veda al riguardo MANICARDI L., *La fatica della carità. Le opere di misericordia,* Qiqajon, Magnano 2010.

68 BIANCHI E., *L'amore scandaloso di Dio,* San Paolo, Cinisello Balsamo 2016.

Sino a dove può condurre la logica dell‟integrazione? «La storia di una famiglia è solcata da crisi di ogni genere, che sono anche parte della sua drammatica bellezza [...]. Si vive insieme per imparare ad essere felici in modo nuovo [...]» (*AL* 232). La famiglia non è più pensata esclusivamente come destinataria di un‟azione formativa, di un agire pastorale o sacramentale, ma riconosciuta come «soggetto dell‟azione pastorale attraverso l‟annuncio esplicito del vangelo, la solidarietà verso i poveri e verso le famiglie più bisognose, promuovendo il bene comune e praticando le opere di misericordia corporale e spirituale» (*AL* 290). *Amoris Laetitia* sembra essere un tassello importante poiché è scritta alla fine di un processo di discernimento ecclesiale durato quasi tre anni, che è stato pensato per coinvolgere tutte le componenti del popolo di Dio. Francesco incoraggia «la maturazione di una coscienza illuminata, formata e accompagnata dal discernimento responsabile e serio del pastore» (*AL* 303). Il colloquio col sacerdote deve mirare a far prendere coscienza ai fedeli della loro situazione.

Dunque, il cammino post giubilare diventa quello di costruire una *cultura della misericordia*, percorrendo quotidianamente la *via della misericordia*: è una sollecitazione a non tenere l‟esperienza della misericordia solo per sé, ma a parteciparla per imprimere al prossimo futuro una nota di vera speranza[69].

La misericordia è parola che chiama la Chiesa al rinnovamento di mentalità e di stile: una Chiesa incapace di leggere le vicende personali deve ripensare allo stile delle relazioni ecclesiali. Papa Francesco prospetta chiaramente la logica dell‟integrazione quale chiave di accompagnamento di coloro che si trovano in condizioni di maggiore distanza e fragilità. L‟integrazione misericordiosa, del resto, vale per tutti, in qualunque situazione si trovino, poiché nella logica del Vangelo «nessuno può essere condannato per sempre» (*AL* 297). «La carità vera è sempre immeritata, incondizionata e gratuita!» (*AL* 296). Papa Francesco ha focalizzato lo sguardo sulla bellezza gioiosa dell‟amore familiare, riflesso

69 KASPER W., *Misericordia. Concetto fondamentale del vangelo – Chiave della vita cristiana*, Queriniana, Brescia 2013, 268.276.286.

dell"amore fecondo di Cristo: il pontefice invita la chiesa a fare un grande passo in avanti, guidandola con il suo carismatico appello: «Camminiamo, famiglie, continuiamo a camminare!» (*AL* 325).

Bibliografia

1. Opere consultate

(in ordine per cognome dell"autore e per data di pubblicazione delle opere)

FRANCESCO, Lettera enciclica *Lumen Fidei*, 29 giugno 2013, in *Acta Apostolicae Sedis* 105 (2013), 555-596.

————, Instrumentum Laboris *Le sfide pastorali sulla famiglia nel contesto dell'evangelizzazione*, 8 ottobre 2013, in *Acta Apostolicae Sedis* 105 (2013), 920-925.

————, Esortazione apostolica *Evangelii Gaudium*, 24 novembre 2013, in *Acta Apostolicae Sedis* 105 (2013), 1020-1138.

———— , Bolla di indizione *Misericordiae vultus*, 11 aprile 2015, in *Acta Apostolicae Sedis* 107 (2015), 399-488.

————, Lettera enciclica *Laudato sì*, 24 maggio 2015, in *Acta Apostolicae Sedis* 107 (2015), 1000-1054.

————, «Discorsi del Papa. Relazione finale del sinodo», in *La vocazione e la missione della famiglia nella chiesa e nel mondo contemporaneo*, 24 ottobre 2015, in *Acta Apostolicae Sedis* 107 (2015), 1182-1220.

————, Lettera enciclica *Amoris Laetitia*, 19 marzo 2016, in *Acta Apostolicae Sedis* 108 (2016), 311-498.

————, Costituzione apostolica *Vultum Dei Quaerere*, 29 giugno 2016, in *Acta Apostolicae Sedis* 108 (2016), 832-856.

————, Lettera apostolica *Misericordia et misera*, 20 novembre 2016, in *Acta Apostolicae Sedis* 108 (2016), 1196-1206.

FUMAGALLI A., «La famiglia nella Amoris Laetitia. Il passo del papa e il cammino della chiesa», in *Aggiornamenti Sociali* 67 (2016), 467-477.

GIOVANNI PAOLO II, *Varcare la soglia della speranza. Un messaggio rivolto ad ogni uomo*, Arnoldo Mondadori Editore S.p.A., Milano 1994.

———— , Lettera enciclica *Dives in misericordia*, 30 novembre 1980, in *Acta Apostolicae Sedis* 72 (1980), 1177-1232.

GRONCHI M., *Amoris Laetitia. Una lettura dell'Esortazione apostolica post-sinodale sull'amore nella famiglia*, San Paolo, Cinisello Balsamo 2016.

NOCETI S., *Guida alla lettura della Esortazione Apostolica post-sinodale di papa Francesco*

"Amoris Laetitia", Piemme, Città del Vaticano 2016.

2. **Opere sul tema dell"antropologia della misericordia** (ricerca bibliografica in ordine per cognome dell"autore)

BERGAMASCHI M., *Vivere Dio sulla Terra: le opere di misericordia corporale*, Cittadella, Assisi 2016.

BORZI A., *Dialoghi sulla divina misericordia*, Monastero delle sorelle Clarisse, Palestrina 2013.

CANCIAN D., *Riflessioni sulla "Dives in misericordia"*, L"amore misericordioso, Collevalenza 2014.

CANTALAMESSA R., *Il volto della misericordia: piccolo trattato sulla divina e sulla umana misericordia*, San Paolo, Cinisello Balsamo 2015.

CANULLO C., *Specchi infranti: sulla misericordia e la famiglia*, Cittadella, Assisi 2016. CATERINI A., *La preghiera della letteratura: sulla misericordia, il bene e la fede*, Fazi, Roma 2016.

CETRANGOLO T., *Le porte della misericordia. Per un nuovo umanesimo in Gesù Cristo*, Città Nuova, Roma 2015.

CIARDI F., *Pensieri sulla misericordia*, Città Nuova, Roma 2016.

CIOLLARO F., *O abisso di carità. Pagine scelte di autori spirituali sulla misericordia*, Tau, Todi 2015.

COLOMBO G. (ed.), *Educati dalla misericordia. Un nuovo sguardo* sull"uomo, Vita e pensiero, Milano 2017.

CORINI G., *Contro la sciatica del cuore. Spunti biblici sulla divina misericordia*, San Paolo, Cinisello Balsamo 2015.

FERRERO B. – PEIRETTI A., *Imparare la misericordia*, Il pozzo di Giacobbe, Trapani 2015.

GRYGIEL S., «L"antropologia di Giovanni Paolo II» in *Prima lettura della Dives in misericordia. Atti del convegno internazionale in occasione del I° anniversario della pubblicazione dell'Enciclica*, L"amore misericordioso, Collevalenza (1981), 241-256.

KASPER W., *La sfida della misericordia*, Qiqajon-Comunità di Bose, Magnano (BI) 2015.

———, *Misericordia. Concetto fondamentale del Vangelo e chiave della vita cristiana*, Queriniana, Brescia 2014.

MAGGIANI B., *Dio ci aspetta sempre: il peccato, la misericordia, la conversione*, San Paolo, Cinisello Balsamo 2014.

MARTINEZ S., *E misericordia sia! Dalle sette parole di Gesù sulla croce, le sette opere di misericordia spirituale*, Rinnovamento dello Spirito Santo, Roma 2016.

NOGARO R., Il giubileo della misericordia, Edizioni Saletta dell"uva, Caserta 2015.

PETTENUZZO R., *La legge. Voce della divina misericordia*, Libreria Editrice Vaticana, Città del Vaticano 2016.

PIANA G., *La casa fondata sulla roccia: l'etica evangelica tra radicalità e misericordia*, Cittadella, Assisi 2015.

POFFET J. M., *La pazienza di Dio. Saggio sulla misericordia*, Messaggero, Padova 1993. REZZA D., *Gesù figlio dell'uomo. Il volto umano della misericordia divina*, Palumbi, Teramo 2015.

SCHINELLA I., *Il segno di Giona: per un'antropologia della misericordia nell'epoca del post- umanesimo e della neuroscienza*, Cantagalli, Siena 2016.

SEMBRANO L., *Il Signore tergerà le lacrime da ogni volto. Percorso biblico sulla via della misericordia*, Palumbi, Teramo 2016.

SPADARO A., *La misericordia è una carezza. Vivere il giubileo nella realtà di ogni giorno*, Rizzoli, Milano 2015.

Printed by Books on Demand GmbH, Norderstedt / Germany